D1755035

Freude

Freude soll nimmer schweigen.
Freude soll offen sich zeigen.
Freude soll lachen, glänzen und singen.
Freude soll danken ein Leben lang.
Freude soll dir die Seele durchschauern.
Freude soll weiterschwingen.
Freude soll dauern
Ein Leben lang.

Joachim Ringelnatz

In Gottes Hand geborgen

Gottes Segen für das neue Jahr

Kleine Weisheiten, Geschichten & Gedanken

benno

Ein Jahr geht zu Ende

Ein Jahr geht zu Ende. Was ist dir von ihm geblieben? Vielleicht Enttäuschungen und Misserfolge, ein Haufen Ärger und graue Haare. Vielleicht ein leiser Schmerz im Herzen, weil alles so schnell gegangen ist?
Fühlst du vielleicht zum ersten Mal, dass jedes Jahr von deinem Leben ein Stück abschneidet? Denk mal ruhig darüber nach. Es kann ja nicht schaden, wenn du ein paar Illusionen loswirst. Aber es wäre eine Katastrophe, solltest du den Mut verloren haben und den Glauben an das kommende Jahr. Suche weiter nach Frieden. Suche nach unbelasteter Verbindung zu Gott. Er kann dir die leeren Hände füllen und das leere Herz.
Wenn ich müde bin vom Weg zu den Sternen, um den Menschen in der Nacht ein bisschen Licht zu holen, dann setze ich mich in die Stille und finde dich, mein Gott! Dann lausche ich der Quelle, und ich höre dich. Ganz tief in mir selbst und in allem, was um mich ist, spüre ich ein großes Geheimnis. Gott, für mich bist du ganz nah, für mich bist du da, spürbar, greifbar gegenwärtig. Gegenwärtig bist du in mir, mehr als die Luft in meinen Lungen, mehr als das Blut in meinen Adern.

Mit tausend Händen streichelst du mich.
Mit tausend Lippen küsst du mich.
Mit tausend Früchten speist du mich.
Alles hast du mir gegeben,
alles, was ich habe, und alles, was ich bin.
Auf tausend Flügeln trägst du mich.
Bei dir bin ich zu Hause wie ein Kind.

Phil Bosmans

Was ist ein Jahr?

Es ist vergleichbar einem kurzen Ton,
dem es vergönnt war mitzuschwingen
im großen Weltgeläute.
Dem Tropfen Wasser gleicht es, hell und klar,
geschöpft aus einem Meer von Freude.

Ein Krümchen Sorge ist es
und ein Körnchen Leid,
gewohntes Futter für den Vogel Zeit,
das er sich pickt aus deiner Hand,
bevor er seine Flügel spannt
und dir entfliegt, wer weiß wie weit!

Elli Michler

9

Von guten Mächten

Von guten Mächten treu und still umgeben,
behütet und getröstet wunderbar,
so will ich diese Tage mit euch leben
und mit euch gehen in ein neues Jahr.

Noch will das alte unsre Herzen quälen,
noch drückt uns böser Tage schwere Last.
Ach Herr, gib unsern aufgeschreckten Seelen das Heil,
für das du uns geschaffen hast.

Und reichst du uns den schweren Kelch, den bittern
des Leids, gefüllt bis an den höchsten Rand,
so nehmen wir ihn dankbar ohne Zittern
aus deiner guten und geliebten Hand.

Doch willst du uns noch einmal Freude schenken
an dieser Welt und ihrer Sonne Glanz,
dann wolln wir des Vergangenen gedenken,
und dann gehört dir unser Leben ganz.

Lass warm und hell die Kerzen heute flammen,
die du in unsre Dunkelheit gebracht,
führ, wenn es sein kann, wieder uns zusammen.
Wir wissen es, dein Licht scheint in der Nacht.

Wenn sich die Stille nun tief um uns breitet,
so lass uns hören jenen vollen Klang
der Welt, die unsichtbar sich um uns weitet,
all deiner Kinder hohen Lobgesang.

Von guten Mächten wunderbar geborgen,
erwarten wir getrost, was kommen mag.
Gott ist bei uns am Abend und am Morgen
und ganz gewiss an jedem neuen Tag.

Dietrich Bonhoeffer

12

Rückschau

Haben wir in diesem Jahr, in unserem kleinen Rahmen, dazu beigetragen, unsere Stadt lebbar, ordentlich, einladend zu machen? Denn das Antlitz einer Stadt ist wie ein Mosaik, dessen Steinchen all diejenigen sind, die in ihr wohnen. Am Silvesterabend beenden wir das Jahr des Herrn, indem wir Dank sagen und auch um Vergebung bitten. Beides zusammen: danken und um Vergebung bitten. Wir danken für all die Wohltaten, die Gott uns geschenkt hat, vor allem für seine Geduld und seine Treue, die im Lauf der Zeit sichtbar werden, in einzigartiger Weise aber in der Fülle der Zeit, als »Gott seinen Sohn sandte, geboren von einer Frau« (Gal 4,4). Die Mutter Gottes, in deren Namen wir morgen einen neuen Abschnitt unseres irdischen Pilgerwegs beginnen werden, möge uns lehren, den Mensch gewordenen Gott anzunehmen, damit jedes Jahr, jeder Monat, jeder Tag ganz erfüllt sei von seiner ewigen Liebe. So sei es!

Papst Franziskus

Freude, schöner Götterfunken,
Tochter aus Elysium,
Wir betreten feuertrunken,
Himmlische, dein Heiligthum!
Deine Zauber binden wieder
Was die Mode streng geteilt;
Alle Menschen werden Brüder,
Wo dein sanfter Flügel weilt.

Wem der große Wurf gelungen,
Eines Freundes Freund zu sein;
Wer ein holdes Weib errungen,
Mische seinen Jubel ein!

Ja, wer auch nur eine Seele
Sein nennt auf dem Erdenrund!
Und wer's nie gekonnt, der stehle
Weinend sich aus diesem Bund!

Freude trinken alle Wesen
An den Brüsten der Natur;
Alle Guten, alle Bösen
Folgen ihrer Rosenspur.

Küsse gab sie uns und Reben,
Einen Freund, geprüft im Tod,
Wollust ward dem Wurm gegeben,
Und der Cherub steht vor Gott.

Froh, wie seine Sonnen fliegen
Durch des Himmels prächt'gen Plan,
Laufet, Brüder, eure Bahn,
Freudig, wie ein Held zum Siegen.

Seid umschlungen, Millionen!
Diesen Kuß der ganzen Welt!
Brüder, überm Sternenzelt
Muß ein lieber Vater wohnen.
Ihr stürzt nieder, Millionen?
Ahnest du den Schöpfer, Welt?
Such' ihn überm Sternenzelt!
Über Sternen muß er wohnen.

Seid umschlungen, Millionen!
Diesen Kuß der ganzen Welt
Brüder, 'überm Sternenzelt
Muß ein lieber Vater wohnen.
Seid umschlungen,
Diesen Kuß der ganzen Welt!
Freude, schöner Götterfunken
Tochter aus Elysium,
Freude, schöner Götterfunken, Götterfunken.

Friedrich Schiller

16

Ein neues Jahr

Wir
wollen
glauben
an
ein langes Jahr,

das uns gegeben ist,
neu,
unberührt, voll nie gewesener Dinge,
voll nie getaner Arbeit,
voll Aufgabe,
Anspruch und Zumutung.
Wir wollen sehen,
dass wir's nehmen lernen,
ohne allzu viel fallen zu lassen
von dem
was es zu vergeben hat, an die,
die Notwendiges, Ernstes und
Großes von ihm verlangen.

Rainer Maria Rilke

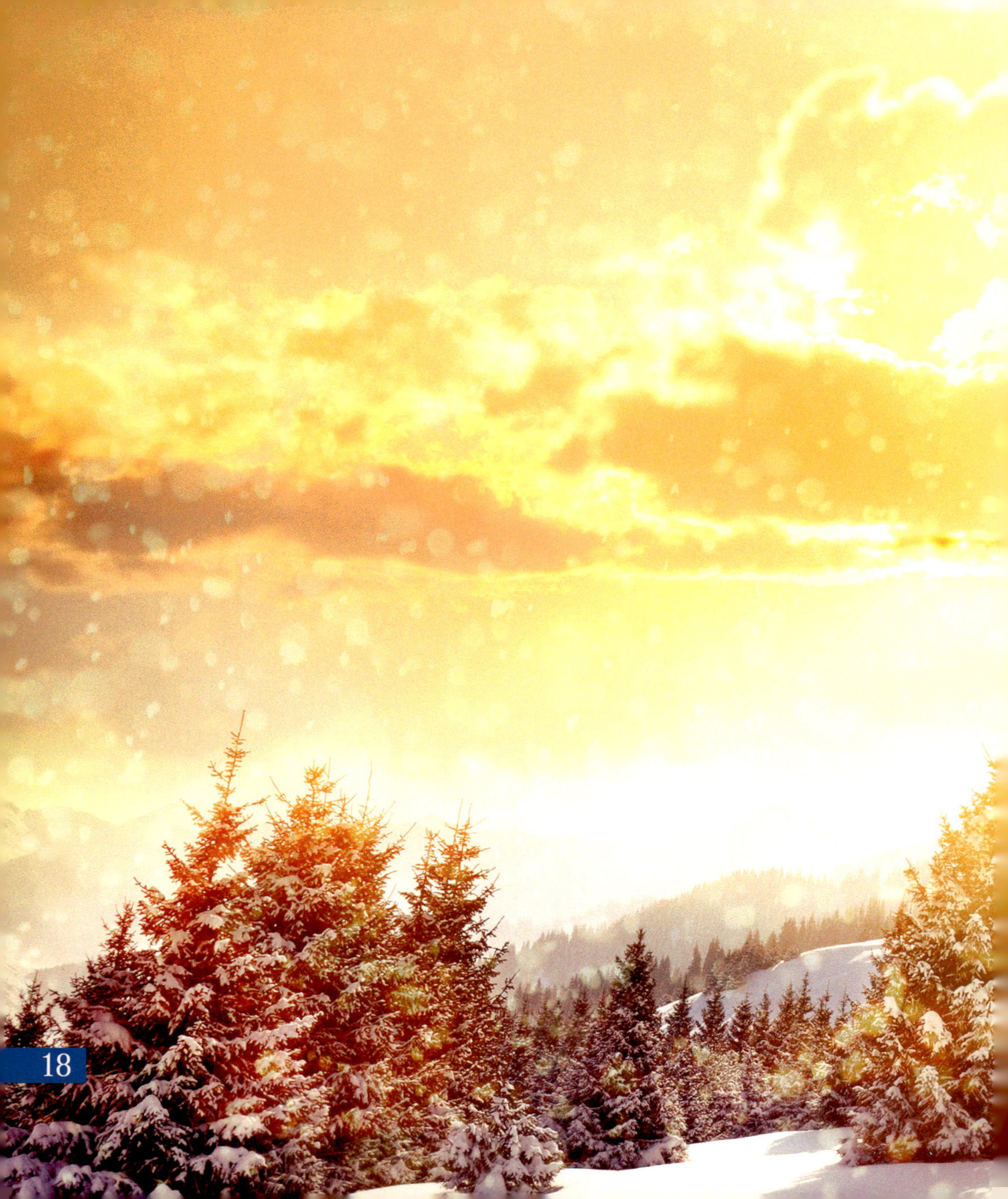

Neujahrssegen

Die neuen Tage öffnen ihre Türen.
Sie können, was die alten nicht gekonnt.
Vor uns die Wege, die ins Weite führen:
den ersten Schritt. Ins Land. Zum Horizont.

Wir wissen nicht, ob wir ans Ziel gelangen.
Doch gehen wir los.
Doch reiht sich Schritt an Schritt.
Und wir verstehn zuletzt:
das Ziel ist mitgegangen;
denn der den Weg beschließt
und der ihn angefangen,
der Herr der Zeit geht alle Tage mit.

Klaus-Peter Hertzsch

Segen für alle Zeit

Im Übrigen meine ich
dass Gott uns das Geleit geben möge
Immerdar
Auf unserem langen Weg zu unserer Menschwerdung
Auf dem endlos schmalen Pfad zwischen Gut und Böse
Herzenswünschen und niedrigen Spekulationen
Er möge uns ganz nahe sein in unserer Not
Wenn wir uns im dornigen Gestrüpp der Wirklichkeit verlieren
Er möge uns in den großen anonymen Städten
wieder an die Hand nehmen
damit wir seiner Fantasie folgen können
Und auf dem weiten flachen Land
wollen wir ihn auf unseren Wegen erkennen
Er möge uns vor falschen Horizonten und
dunklen Abgründen bewahren
So dass wir nicht in Richtungen wandern
die uns im Kreise und an der Nase rumführen
Er möge unseren kleinen Alltag betrachten
den wir mal recht, mal schlecht bestehen müssen
Die 12 Stunden Unrast und die 12 Stunden Ruhe vor
dem Sturm
Er hat den Tag und die Nacht geschaffen
Hat auch den Alltag gemacht und den Schlaf ...
Und er möge uns die vielen Streitigkeiten von morgens bis abends
verzeihen

Das Hin und Herlaufen zwischen den vielen Fronten
Und all die Vorwürfe
die wir uns gegenseitig machen
Möge er in herzhaftes Gelächter verwandeln
und unsere Bosheiten in viele kleine Witze auflösen
Wir bitten ihn Zeichen zu setzen und Wunder zu tun
dass wir von all unseren Schuldzuweisungen ablassen
und jedwedem Gegner ein freier Gastgeber sind
Er möge uns von seiner Freiheit ein Lied singen
auf dass wir alle gestrigen Vorurteile außer Kraft
und alle Feindseligkeiten außer Gefecht setzen …
Gott unser Herr möge auch manchmal ein Machtwort sprechen
Mit all jenen Herren, die sich selber zu Göttern ernannt
Die Menschen durch Maschinen ersetzen
und für Geld Kriege führen
Und mit Drogen alle Zukunft zerstören
Er möge sich unser erbarmen
Am Tage und in der Nacht
In der großen Welt und in der kleinen Welt unseres Alltags …
Er möge uns unsere Krankheiten überstehen lassen
und uns in der Jugend und im Alter seine Schulter geben,
damit wir uns von Zelt zu Zeit, von Gegenwart zu Gegenwart,
an ihn anlehnen können, getröstet, gestärkt und ermutigt.
Amen.

Hanns Dieter Hüsch

Zwölf Wünsche

Wir sitzen einander gegenüber, ein leeres, weißes Papier vor uns. Wir wollen unsere Wünsche aufschreiben. Jeder zwölf Wünsche fürs neue Jahr. Wünsche sind anders als Vorsätze. Nicht so streng. Nicht nur von einem selbst abhängig. Und wir haben Weintrauben gekauft, weil wir von einem spanischen Brauch gehört haben, der uns gefiel: Dort isst man Sylvester um Mitternacht zu jedem Glockenschlag eine Traube und wünscht sich dabei etwas.

Am Anfang sind wir unsicher, witzeln herum, was soll man sich denn wünschen? Frieden vielleicht, und dass die Sonne immer scheint? Einen Sack voll Geld? Gesundheit?

Zögernd fange ich an zu schreiben. Die ersten Wünsche sind leicht, es sind Dinge, an die ich ohnehin oft denke. Aber dann - was ist es wert, aufgeschrieben zu werden? Was ist wichtig genug? Ein Herzensanliegen ? Und was ist mit der Enttäuschung, wenn sich die Wünsche nicht erfüllen?

Am Ende sind es schließlich zwölf.

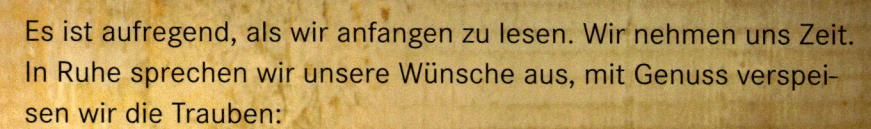

Es ist aufregend, als wir anfangen zu lesen. Wir nehmen uns Zeit. In Ruhe sprechen wir unsere Wünsche aus, mit Genuss verspeisen wir die Trauben:
Ich wünsche mir einen guten Job,
Eine Traube.
Ein paar Sommernächte am Meer
Eine Traube.
Wieder ein wenig mehr Kultur.
Eine Traube.
Etwas mehr Unkompliziertheit, etwas mehr Heiterkeit. Anfangen Klavier zu lernen. Freunde. Dann doch: kein Krieg, nirgendwo. Mehr Aktivität neben der Arbeit. In der Gegenwart leben … Es wir zum Ritual: Einer liest und isst eine Traube. Verinnerlicht den Wunsch. Gespannt hört die andere zu. Und liest dann selbst und isst eine Traube. Sehr nah sind wir einander auf einmal, eine ernste Heiterkeit liegt über uns. Am Ende stoßen wir an aufs neue Jahr. Und darauf, dass wir Wünsche haben.

Susanne Niemeyer

Der Engel Gottes sei vor Dir

Der Engel Gottes sei vor dir,
um dir den rechten Weg zu zeigen.

Der Engel Gottes sei neben dir,
um dich in die Arme zu schließen
und dich zu schützen.

Der Engel Gottes sei hinter dir,
um dich zu bewahren
vor der Heimtücke böser Menschen.

Der Engel Gottes sei unter dir,
um dich aufzufangen, wenn du fällst,
und dich aus der Schlinge zu ziehen.

Der Engel Gottes sei in dir,
um dich zu trösten,
wenn du traurig bist.

Irischer Segenswunsch

Das Leben geborgen in Gottes Hand

Zu jeder Zeit bin ich in Gottes Hand.
Jede Zeit ist gut,
weil sie von Gott gesegnet ist.

Meine Aufgabe ist es, Ja zu sagen
zu jedem Augenblick,
zu dem, was sich in mir tut,
und Ja zu sagen
zu meinem inneren Lebensrhythmus.

Dann werde ich so leben,
wie es meinem Wesen entspricht.
Und dann lebe ich auch spirituell,
dem Geist Gottes entsprechend,
der mein Wesen gebildet
und ihm einen inneren Rhythmus
eingeprägt hat.

Anselm Grün

28

Segen für das Jahr

Segne uns,
Herr, unser Gott, dieses Jahr
und die Folie seines Ertrags
zum Guten.
Gib Segen für die Flur,
sättige uns mit deinem Gut
und segne unser Jahr
wie die guten Jahre.
Gelobt seiest du, Herr,
der die Jahre segnet.

Aus dem jüdischen Achtzehngebet

Bibliografische Information der Deutschen Nationalbibliothek
Die Deutsche Nationalbibliothek verzeichnet diese Publikation
in der Deutschen Nationalbibliografie; detaillierte bibliografische
Daten sind im Internet über http://dnb.d-nb.de abrufbar.

Quellenverzeichnis

Texte

Dietrich Bonhoeffer, Von guten Mächten ... Aus: Dietrich Bonhoeffer, Widerstand und Ergebung © 1998 Gütersloher Verlagshaus, Gütersloh, in der Verlagsgruppe Randomhouse GmbH
Phil Bosmans, Ein Jahr geht zu Ende. Aus: Phil Bosman, Leben jeden Tag. 365 Vitamine für das Herz. Herausgegeben und übersetzt von Ulrich Schütz © Verlag Herder GmbH, Freiburg im Breisgau 2014, S. 250
Papst Franziskus, Rückschau. Predigt vom 31. Dezember 2013 im Petersdom. © Libreria Editrice Vaticana, Città del Vaticano
Anselm Grün, Das Leben geborgen in Gottes Hand. Aus: Anselm Grün, Einfach leben. Das große Buch der Spiritualität und Lebenskunst. Herausgegeben von Rudolf Walter © Verlag Herder GmbH, Freiburg im Breisgau 2011, S. 338
Klaus-Peter Hertzsch, Neujahrssegen. Alle Rechte beim Autor
Hanns Dieter Hüsch, Segen für Allezeit (gekürzt). Aus: Hanns Dieter Hüsch/Michael Blum, Das kleine Buch zum Segen, Seite 4ff, 2013/12 © tvd-Verlag Düsseldorf, 1998
Elli Michler, Was ist ein Jahr? Aus: Elli Michler, Zeit: Wünsche und Gedichte © Don Bosco Medien GmbH, München
Susanne Niemeyer, Zwölf Wünsche. Aus: Kalender „Der Andere Advent", 2008/2009**, Hamburg. Andere Zeiten e. V., www.anderezeiten.de

Fotos:

Cover: aerial333/Fotolia, Seite 2/3, 6/7, 30/31: © Botond Horvath/Shutterstock, 4/5: © SSilver/Fotolia, 8/9: © gitusik/Fotolia, 10/11: mumindurmaz35/Fotolia, 12/13: © Wenk Marcel/Shutterstock, 14/15: © Apostrophe/Shutterstock, 16/17: © Yuriy Kulik, 18/19: © Pikos.kz/Shutterstock, 20/21: © Nemeziya/Shutterstock, 22/23: © Anselm Baumgart/Fotolia, 24/25: © Elenamiv/Shutterstock, 26/27: © gurgenb/Fotolia, 28/29: © lily/Fotolia

Besuchen Sie uns im Internet:
www.st-benno.de

Gern informieren wir Sie unverbindlich und aktuell auch in unserem Newsletter zum Verlagsprogramm, zu Neuerscheinungen und Aktionen. Einfach anmelden unter www.st-benno.de.

ISBN 978-3-7462-4191-3

© St. Benno Verlag GmbH, Leipzig
Zusammenstellung: Volker Bauch, Leipzig
Umschlaggestaltung: birq design, Leipzig
Gesamtherstellung: Arnold & Domnick, Leipzig (A)